ED. & J. DE GONCOURT

ILLUSTRATIONS EN COULEURS DE LOUIS MORIN

PARIS — L. CARTERET, 1913

A VENISE...

Rêve

DÉTAIL DU TIRAGE

———

CINQUANTE EXEMPLAIRES
SUR PAPIER DU JAPON
ET
CENT EXEMPLAIRES
SUR VÉLIN DU MARAIS

N° 25

ILLUSTRATIONS EN COULEURS
DE
LOUIS MORIN

PARIS — L. CARTERET, 5, RUE DROUOT — 1915

J'étais à Venise.... Je vis des couleurs, des couleurs, des couleurs,...
des masques! . . . .

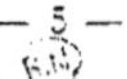

Masques allant, masques venant, masques courant, masques sautant, masques galopant, masques gamba- dant, masques frétillant, masques allè-

gres, alertes, prestes, tout le corps
déchaîné, gracieusé, saluant la joie;
masques, masques, masques.... un
arc-en-ciel en vif-argent! . . . .

Dans toutes les bouches sonnait l'in-
cessant appel : hou! hou! Sur le pavé,
le tapage de soie de tous les souliers
de satin, de tous vos zoccoli, masques
de la vieille Venise! chantait une éter-
nelle chanson. Voilà que pêle-mêle et

se heurtant, passaient devant moi les
collants à bandes multicolores mou-
lant, dans leur étau splendide, les fines
jambes des jeunes nobles, les colliers de
perles des mariées d'un an, les aiguil-
lettes aux ferrets d'or sonnant aux

épaules des compagnons de la Calza,
les bavaro en toile de Courtrai d'où
sortaient les épaules, les pectoraux
d'or entr'ouverts en carré sur les seins
opulents des patriciennes, les zindado
voletant sur les chevelures, les jupes
de velours marron, à retroussis de

soie gorge-de-pigeon, relevées par derrière les têtes en un nimbe aux mille
plis, les couronnes de lis d'argent trem-
blant dans les chevelures des épouses,
les zimara flottantes, les robes collant
aux formes et accusant le nombril, les
chutes de plis théâtrales et grandioses,

les brocarts amples, royalement dra-
pés.... — Passaient les innamorati,
sveltes dans leur pourpoint de velours
blanc, constellé de croix, déchiré de
crevés de sang, lesquels tenaient une
rose à la main; passaient les vierges

de Venise, voilées et dérobées dans une nuée jalouse de soie noire, d'où ne s'échappaient que deux doigts d'une gorge naissante, plus rose que la rose des innamorati....

Et puis le carnaval allait sur l'eau.

Il y avait des gondoles, des gondoles, des gondoles, du monde, du
monde, du monde; tant de gondoles et
tant de monde que l'eau ne voyait plus
le ciel. A peine si, par-ci, par-là, une
couleur, un éclair, trouvait un petit
coin d'onde, grand comme un petit

morceau de miroir cassé, pour y dan-
ser sur un pied.

A la proue de toutes les gondoles,
assise, une femme nue et coiffée de nénu-
phars, penchée sur les rênes, conduisait
avec un roseau vert des chevaux marins
qui battaient l'eau de leur queue de pois-

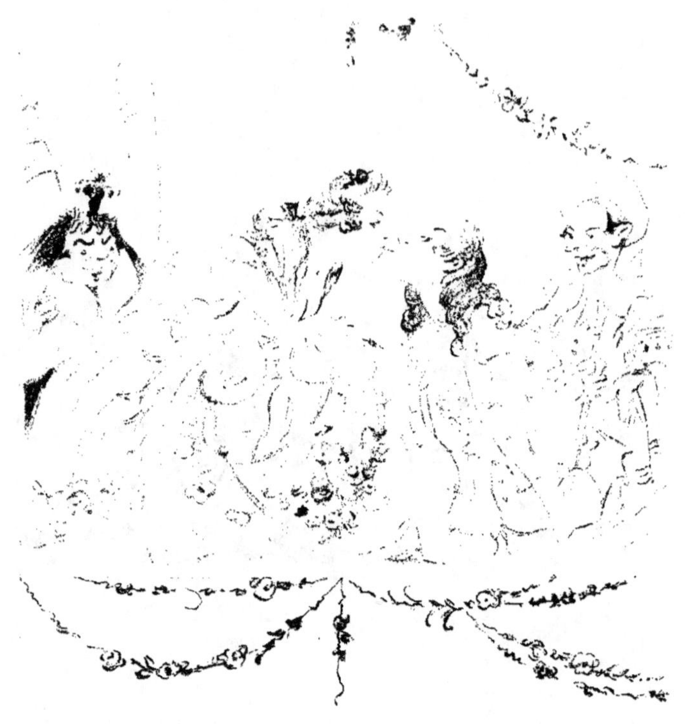

son et de leurs paturons en nageoires.
Autour, des dauphins vivants et dorés
se jouaient. Toutes les gondoles avaient
des formes de coquilles. Elles étaient
sculptées et peintes, et triomphalement
enguirlandées de fleurs. Leurs flancs
portaient, dans des couronnes de lierre,

des mascarons admirables : c'était
Romagnesi avec son masque de faune
et sa barbe en queue de vache; c'était
Jareton, qui inventa Pierrot; c'étaient
Luigi Riccoboni, Giuseppe Balleti et
Thomaso Visentini; c'était Ermand en
Sganarelle; c'était Giacomo Ranzini;

c'était Crépin l'Étonné; c'était Angelo
Constantini; c'était Dangeville père en
niais; c'étaient Gherardi le Flautin,
et Pietro Albogheti, et Giovanni
Bissoni; c'était Quinson en serre-tête
blanc; c'était Duchemin père, et son

chapeau enrubanné et fleuri; c'était le
grand Dominique, — et Carlin, — et
Lelio, — et Sylvia!

Dans les gondoles, il y avait toutes
les livrées du Rire et toutes les robes
de la Folie : la garde-robe de Momus,

pillée à Bergame, comme elle revenait d'Atelles!

Il y avait Fricasso et Fracasso. Il y avait Coviello qui gambadait comme un ægipan. Il y avait la signora Fracisquina qui faisait les cornes à trois Cassandres.

Il y avait Brighella se sauvant
devant Spezzafer qui voulait le tuer
encore une fois. Il y avait des bohé-
miennes qui disaient l'avenir à
l'Amour, et des Colombines qui de-
mandaient l'Amour à l'avenir. Il y
avait de vieux Trastullo qui baisaient,

en extase, la pantoufle des Lucia. Il
y avait des médecins grotesques chantant Signor monsu, des Marameo, la
seringue en joue, des capitaines Car-
doni poursuivis par des armées de
matassins. Il y avait des Égyptiens
vêtus en Maures et portant des singes.

Il y avait Zerbinette; il y avait Vio-
letta, aux pieds de laquelle roucoulait,
avec son chapeau en plat à barbe, ses
longs cheveux, son long rabat, et sa
chemise passant au défaut du pourpoint, le beau Narcissin de Malalbergo.
Il y avait des Biscayens dansant,

*des capitaines Cocodrillo dansant, des
Cucurucu et des Cucurogna dansant,
des Poitevins et des Poitevines dansant
et chantant. Il y avait des femmes en
robe turque, et des femmes avec un
masque à moustaches, un chapeau
pointu, un goître de mousseline tom-
bant du masque jusqu'au sein.*

Il y avait des Tartaglia, face jeune,
rose et fleurie, bésicles sur le nez, qui
bredouillaient, nasillaient et embrouil-
laient d'impossibles histoires. Il y
avait des muftis et des trivelins, des
dervis, et des lutins faisant le saut
périlleux. Il y avait les trois masques
basanés : Fenocchio, Fiqueto, et Scapin

qui, les cheveux frisés, la moustache
de chat effarouché, le manteau roulé
autour du bras droit, une odeur de
potence par toute sa personne, et
l'œil noir comme sa conscience, offrait

avec une courtoisie gouailleuse, ses loyaux services au galant chevalier Zerbino. Gian-Fritello était fier dans son sac. Gian-Farina montrait un menuet de diables à Franca-Trippa.

Autour de Beltrame, chassé de Mi-
lan, et contant ses affaires d'honneur
avec la justice, béaient tous les Grade-
lins, Tracagnins et Truffaldins du
monde.

Il y avait dans les gondoles des cla-
vecins, des refrains, des violes d'amour,
des paroles à l'oreille, des théorbes

et d'amoureux murmures. Il y avait
des lazzis, des rires, des bouquets, des
baisers, des billets et des plumets dans
l'air. Il y avait, dans les gondoles, des
tables, des cartes, des dés, des jeux de
stofe, de lansquenet, de piquet, de
berlan, de petits-paquets. Les deux
frères Arlequin, l'aîné avec sa toque à

crevés, son masque noir à barbe de roi
ninivite, le cadet avec sa petite queue
de lièvre à son petit chapeau, et des
verrues noires à son masque noir,
chacun un bras sur l'épaule de l'autre.
posés tous deux sur la pointe du pied
droit, jouaient, à un pharaon tenu par
la Farce. leurs deux battes contre un

coup de pied.... Il y avait des intarti-
namenti, des charlatans à chaînes d'or,
des saltimbanques cravatés de ser-
pents savants, des montreurs d'ours
et de ridicules, des parades et des pa-
rodies, où Bernis parlait de Dieu, et
Casanova de l'amour platonique!
Puis il y avait des triomphes de

Pulcinelle, droit comme son feutre,
noble malgré son nez rouge et son
petit ventre pointu, brandissant son
sabre de bois, à cheval, plus fier qu'un
Balbus, sur un Pulcinelle en travers,
porté par deux Pulcinelles. Et puis

des Razulto chantant des Olympiques
en grattant trois ficelles d'une guitare
dont le manche plus long qu'un poëme
accrochait sur la route les cheminées
en mortier. Et puis des Pantalons en
bonnet de laine, en gilet rouge, en

culotte coupée en caleçon, en bas
rouges et en pantoufles, qui, le pied en
avant, la barbe pointue et menaçante,
la grande robe noire relevée d'un bras
replié contre le dos, énuméraient au

public les vertus de leurs filles sans
dot. Et de Bologne étaient venus mille
docteurs, masqués d'une tache de vin
du front au menton, lesquels conso-
laient en trois points les cocus effarés.

Et puis des Mezzetins aux draperies
zébrées et volantes, et puis des Pierrots
tombés de la lune, et puis des Scara-
mouches dont les deux plumes de coq
balayaient les étoiles....

Puis des tricornes, et des tricornes;
des tricornes coquins, coquets, crânes

et charmants. Les hommes avaient
des tricornes, et les femmes des tricornes inclinés sur le front qui met-
taient, sur leur masque blanc, l'ombre
du vol d'une hirondelle. Blancs étaient
tous les masques. Blancs étaient les
masques des hommes, avec le bord des

paupières teinté de rose ; blanche était la
baüte des femmes avec le bord des paupières teinté de rose, de grosses lèvres
peintes en rose, et le carton des joues un
peu fardé. Les hommes en fins bas de
soie, en talons rouges, le domino noir

retroussé, penchés et pliés en de mo-
queuses révérences, provoquant les
donne sous le nez, offraient leur cœur
dans un éclat de rire, ironiques du
haut en bas de l'échine. Les donne, la
tête en arrière et de profil intriguant

la cantonade, muettes et superbes,
riaient dans la barbe de leur masque,
ballonnaient de la jupe, battaient la
mesure d'un vieil air avec leur mule
cachée sous les falbalas, jouaient
avec le cri de leur éventail, et laissaient, à travers leur camail de den-

telle, la blancheur de leur chair sauter aux yeux des galants.

Un beau jeune homme, — je le vois encore, — oh! le Janus étrange et charmant! Il avait rejeté son masque contre son oreille, et montrait côte à côte le profil d'un satyre, la face d'un Apollon.

Cependant, auprès de lui, d'autres paroncini *faisaient de grands jeux :* ils attrapaient des mouches sur le nez immense du noble homme de Calabre Giangurgolo, et des araignées sur la rapière interminable du capitan Spavento.

Mon œil sautait de gondoles en gondoles. Il arriva à la première, à la
gondole que toutes les gondoles sui-
vaient : elle portait une bière sous un
drap blanc, — et un essaim d'Amours !
Amours qui, s'appuyant des deux
mains derrière eux, glissant avec les

reins le long de la gondole, les ailes frissonnantes, lutinaient d'un seul pied les caresses de l'eau ; Amours qui, le cul nu posé sur un talon, joignaient leurs mains nouées à leurs genoux ; Amours qui regardaient au ciel un nuage aller ; Amours, roulés par

terre, tenant d'un bras le bout de leur
gentil pied rose, un pli de graisse au
ventre, un pli sous le jarret; Amours,
les bras croisés comme de petits
hommes, ou le menton aux mains, et
les doigts aux deux joues, écoutant
quelque chose; Amours qui, sur leur

arc passé sous une cuisse, balan-
çaient une jambe allante et revenante ;
Amours agenouillés, posés sur leurs
deux coudes, attentifs à traîner sur
la face de l'onde les grands cordons
du poêle ; Amours, les frisons de
leurs petits cheveux au vent, au vent

leur ventre blanc, debout et droits
sur leurs mollets tremblants; Amours,
le dos au soleil, couchés et vautrés,
et la joue écrasée, qui s'amusaient
avec des immortelles d'or; Amours
jouant à cache-cache, en se cachant
un peu dans les coins du drap blanc;

Amours accoudés sur la bière, sur
leur bras replié couchant leur face
blonde, et dormant sur la Mort! —
tandis qu'aux deux bouts de la gondole, quatre Amours, leurs carquois
renversés au dos, laissaient distrai-
tement tomber la baguette sur la peau

d'âne, voilée de crêpe, des hauts tam-
bours des armées de Louis XIII.

Un homme — je ne l'avais pas vu
d'abord — était perché sur le rostre
de la gondole. C'était le peintre Longhi.
mon ami, qui râclait un violon d'ébène ;
un singulier violon ! d'où s'échappaient,

à chaque coup d'archet, deux notes
accouplées et qui montaient dans le
ciel en se donnant la main : une note
rose, une note noire....

Et l'air blutait, comme de la farine,

mille petits morceaux de papier blanc
qui tombaient des toits, des fenêtres,
du ciel, de partout.

Au vol j'en attrapai un, sur lequel
était :

Grand Enterrement
DE
WATTEAU
PAR LE CARNAVAL DE VENISE
AUX DÉPENS
DE LA SÉRÉNISSIME RÉPUBLIQUE.

Et il neigeait tant de ces papiers que
je ne voyais plus rien. .   .   .   .   .

PARIS

IMPRIMERIE GÉNÉRALE LAHURE

9, RUE DE FLEURUS, 9

PARIS

IMPRIMERIE GÉNÉRALE LAHURE

9, RUE DE FLEURUS, 9